Julio Zelaya, PhD
Silvia Arce, PhD
Beatriz García, PhD

DETECCIÓN DE OPORTUNIDADES;
GUÍA RÁPIDA DE APLICACIÓN DE
LA TRAVESÍA: EL PODER DE EMPRENDER.
Guatemala, Centroamérica, 2023.

44 p: 23 cm.

1. Etapas de la Detección de Oportunidades.
2. Escaneo y elección.
3. Consejos para Detectar Oportunidades.

Edición 2023

ISBN 9798391569640
Diseño y diagramación: YCREA

Fotografía de Portada
© Yanik Chauvin I Dreamstime.com

DETECCIÓN DE OPORTUNIDADES

GUÍA RÁPIDA DE APLICACIÓN DE
LA TRAVESÍA: EL PODER DE EMPRENDER

¿Cuál es su propósito?, ¿Qué le apasiona?, ¿Cuáles son sus habilidades?,
¿Qué beneficios le traerá? Tiene la oportunidad de escribirlo a continuación.

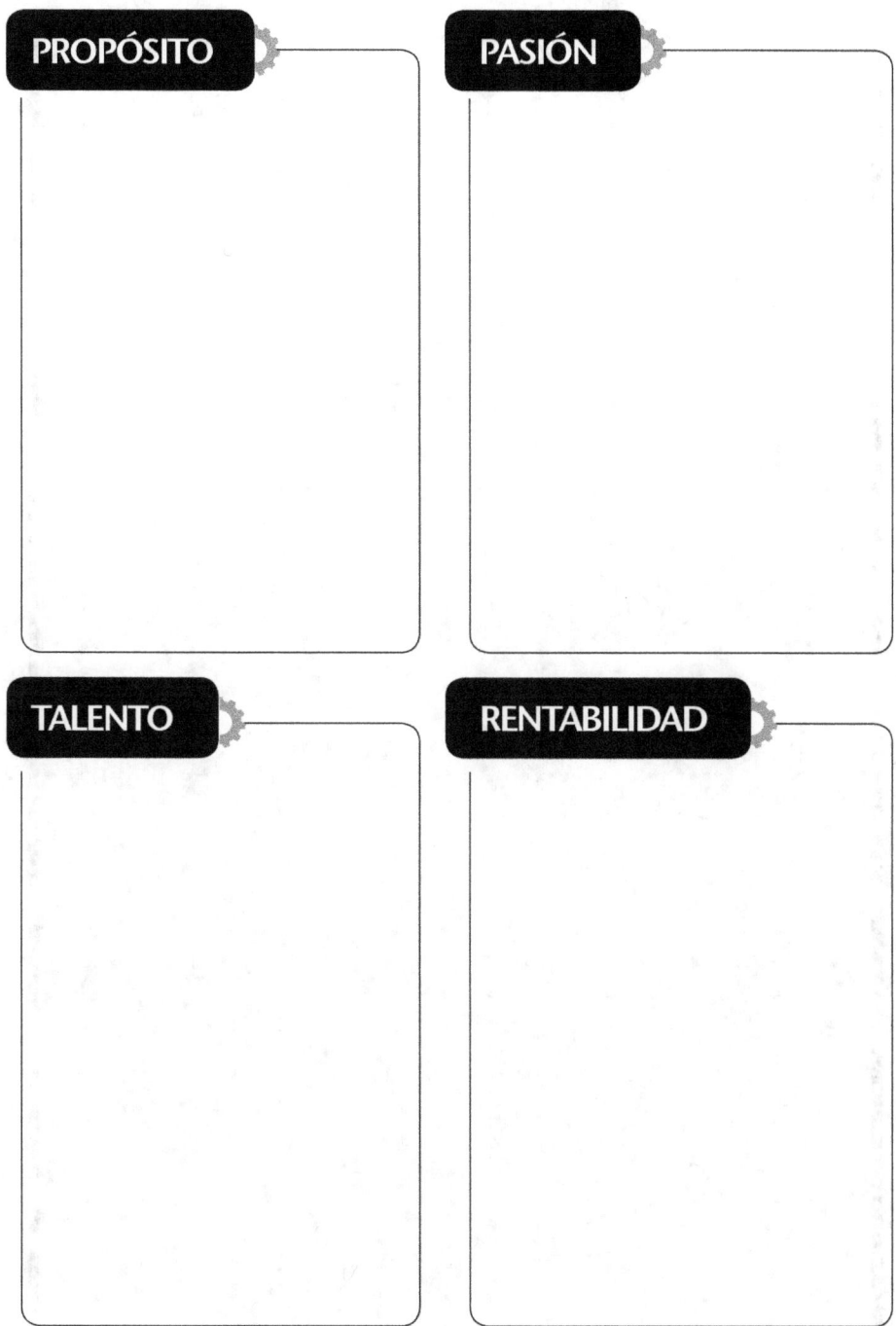

PROPÓSITO

PASIÓN

TALENTO

RENTABILIDAD

Mis prioridades de Desarrollo

En el siguiente espacio puede listar las actividades que debe desarrollar para alcanzar su objetivo.

Zona de Aprendizaje

Utilice estos apartados para escribir sus nuevos aprendizajes.

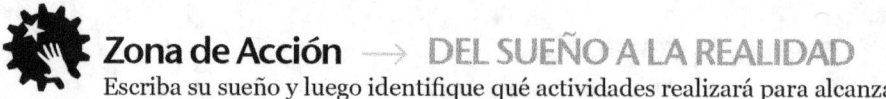

Zona de Acción → DEL SUEÑO A LA REALIDAD

Escriba su sueño y luego identifique qué actividades realizará para alcanzarlo.

Detección de
oportunidades

Lluvia de ideas de negocios

Distintas oportunidades para esos negocios

Evaluación de cada oportunidad

Investigación del mercado

Nueva evaluación y toma de decisiones

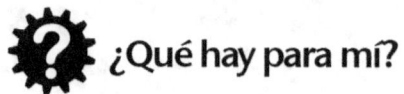 **¿Qué hay para mí?**

¿En dónde se pueden detectar oportunidades de negocio?

La respuesta es: en cualquier lado; lo importante es examinarla antes de decidirse y, mejor aún, antes de lanzarse.

Arthur H. Kuriloff y John M. Hemphill enfatizan que las oportunidades se hallan a menudo cerca del propio emprendedor. A continuación se listan varias:

- La invención: cosas muy sencillas o muy complejas; de bajo y de alto costo.
- Los intereses o hobbies personales.
- Las tendencias sociales como los cambios en los hábitos de compra y en las actitudes del consumidor, las necesidades de ciertos grupos, tendencias.
- La observación de las deficiencias de los demás incluyendo las de la empresa en la que trabajamos (ésta es una fuente de ideas muy común).
- La observación de una carencia. ¿Qué productos o servicios faltan? ¿Por qué no hay una cosa para hacer esto?
- El descubrimiento de nuevos usos para cosas ordinarias. ¿Qué otros usos podrían dársele a este producto o servicio?

Para poder detectar una oportunidad, se requieren por lo menos dos condiciones:

| **SALIR A BUSCARLA** | **SABER VALORARLA** |

Dicho en otras palabras

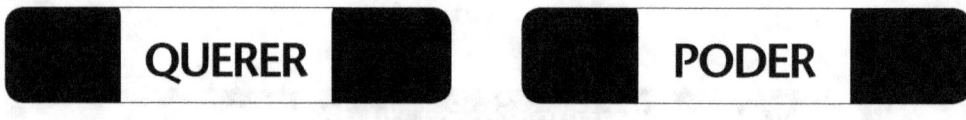

QUERER   **PODER**

Buscar una oportunidad significa estar alerta; por ello, es fácil identificar oportunidades en el ambiente en donde cada uno se mueve. Además, se requiere tener la capacidad para reconocerla.

El objetivo del curso es identificar un procedimiento y algunas ideas para detectar las mejores oportunidades de negocios.

Para alcanzar ese objetivo, se desarrollan los contenidos que se listan a continuación.

CONTENIDO

Etapas para la detección de oportunidades:

* Escaneo
* Elección
* Algunos consejos para detectar oportunidades.

En este curso le ayudaremos precisamente a detectar esa oportunidad que está buscando.

¡Bienvenido!

"Hay millones

de posibilidades en la mente del principiante, pero muy pocas en la mente de un experto".

Axioma chino

Por un golpe de suerte (de hecho, se sacó la lotería), Sara ahora dispone de Q.50,000.00. Tan pronto se enteró que era la beneficiaria, varias ideas comenzaron a darle vuelta en su cabeza:

- ¿Lo deposito en mi cuenta de ahorros?
- ¿Lo deposito como ahorro a plazo fijo?
- ¿Compro un terreno?
- ¿Me matriculo en la universidad? O...
- ¿Invierto en un negocio? ¿Tengo las cualidades para ser empresaria? (En algún lugar había leído que el emprendimiento es la identificación y explotación de oportunidades que aún no han sido explotadas).

Pero, sin ser engreída, Sara reconocía todas sus cualidades: era soñadora, visionaria pero, ante todo, era tenaz; no era inventora pero sabía que no es necesario inventar para ser emprendedor; lo más importante era innovar. Por ello, la última idea era la que más le atraía así es que, una noche, se sentó en la mesa de su comedor (su hermano no estaba), tomó algunas hojas de papel reciclado y un bolígrafo y comenzó a escribir.

- ¿Una panadería?
- ¿Una venta de materiales para costura?
- ¿Una floristería?
- Y así sucesivamente.... (no llenó todas las hojas pero sí alcanzó a escribir alrededor de quince ideas).

> Antes de decidir en qué emprender, liste todas las posibilidades que le interesen; a eso se le llama una "lluvia de ideas".

Cuando terminó, fue a la cocina por un café, le puso azúcar y comenzó a revolverlo; nunca lo había revuelto tantas veces; parecía que, en cada vuelta que daba con la cuchara, exploraba todas las ideas que había anotado y, mejor aún, mentalmente estaba descartando algunas.

Regresó a la mesa y tachó algunas ideas de negocio que, definitivamente, no iban con ella; por ejemplo, ella no sabía coser; ¿cómo saber qué materiales eran los que se necesitaban? Al finalizar ese ejercicio, quedaban sólo cinco ideas sin tachar. Las observó fijamente...

Panadería
Floristería
Lavandería
Librería
Pastelería/cafetería

Entonces se levantó y fue a su dormitorio a traer unos post-it de dos tamaños diferentes; en el más grande copió cada una de las siete ideas. Los distribuyó sobre la mesa e hizo algo como esto:

Panadería

Equipo para
hacer pan

Fabricación
de pan

Distribución
de pan

En un local

A domicilio

Lo que Sara hizo entonces fue escribir todas las posibilidades (negocios, productos o servicios) para ese negocio.

Repitió el ejercicio para las cuatro ideas restantes tratando de encontrar por lo menos tres o cuatro ideas para cada una; esto le permitió tener 11 ideas. Contempló cada una fijamente; conforme lo hacía visualizaba cada tipo de negocio. Entonces, quitó varios post-it.

> Luego de listar todos los negocios que le interesan, anote todas las posibilidades que hay para ese negocio.

Se levantó nuevamente (ya eran casi las 12 de la noche) y buscó uno de los materiales de apoyo de un curso de Fábrica de Sueños al que había asistido su hermano y que ella había ojeado hace algunos días. Buscó una de las herramientas que había visto y comenzó a contestar teniendo en mente las cuatro oportunidades de negocio que había dejado para "panadería"; decidió que respondería cada pregunta con las palabras "Excelente", Muy bueno", "Bueno", "Regular"; además dejó abierta la posibilidad de escribir "no sé". Hizo algo como esto:

Idea 1 (Panadería)				
Preguntas	Negocio 1	Negocio 2	Negocio 3	Negocio 4
¿Sus competencias (conocimientos, habilidades y afectos) son consistentes con esa oportunidad?	Excelente	Bueno	Muy bueno	Regular
¿Cuenta con contactos que pudieran ayudarle?	Bueno	Excelente	Muy bueno	Bueno
¿Está ofreciendo algo novedoso y diferente que cree un valor agregado significativo para el cliente por el cual él esté dispuesto a pagar?	Bueno	Excelente	Bueno	Regular
¿Satisface una necesidad? ¿Tendría suficiente demanda?	Bueno	Regular	Muy bueno	Bueno
¿Puedo mejorar la calidad que hoy ofrecen mis posibles competidores?	Bueno	No sé	Regular	No sé
¿Dispone o puede disponer de los recursos necesarios para echar a andar el proyecto?	Excelente	Excelente	Bueno	Bueno
¿El costo de producción de lo que piensa producir le permitirá obtener una ganancia consistente con el riesgo que está tomando?	No sé	No sé	Bueno	No sé
¿Existe un mercado en crecimiento?	Muy bueno	No sé	Bueno	No sé
¿Está lo suficientemente comprometido con el proyecto? ¿Le apasiona?	Excelente	Bueno	Bueno	Excelente

Hizo la misma actividad con cada una de sus ideas y sus posibles negocios.

> Evalúe cada oportunidad de negocio desde distintos puntos de vista.

Sara estaba convencida de que ese ejercicio – algo tedioso por lo tarde que era – le ayudaría a descartar las oportunidades menos prometedoras y poner todo su empeño en afinar las que sí valen la pena. Bostezó y se estiró, apagó la luz y se fue a su dormitorio acompañada por su gato.

A la mañana siguiente, luego de tomar su primera taza de café del día, regresó recelosamente a la mesa (afortunadamente Nico, el gato, no le había desordenado lo que dejó en la mesa). Lo volvió a ver cuidadosamente. ¡Vaya tarea en la que se había metido! se dijo. Pero sabía que el esfuerzo valía la pena.

No quiso seguirlo revisando en ese momento; más bien, encendió su computadora y escribió las palabras mágicas "panadería y negocios". Ni bien había transcurrido un segundo, aparecieron 3,245 referencias en la Web. La primera le resultó interesante: Era un artículo que indicaba algunos pasos para explorar el éxito del negocio.

Sugerían iniciar con un estudio de mercado para determinar el comportamiento de los consumidores de la colonia o barrio en donde se pensaba abrir el negocio (¡vaya, pensó; la investigación me gusta mucho!). Se propuso salir a investigar ese mercado durante el resto de la semana; para el sábado debía saber: cuántas panaderías habían en una zona, qué tipo y variedades de pan ofrecen, cuántos clientes entran en una hora, cuál es el gasto promedio de clientes, etc. (seguramente iba a tenerle que pedir ayuda a su prima para cubrir la mayor cantidad de panaderías posibles). El jueves, al salir de una panadería en donde se había hecho pasar por un cliente (incluso compró dos panes de manteca), no se resistió y esperó afuera; cuando salió uno de los clientes le hizo preguntas acerca del pan que ofrecían, el precio, la calidad, etc. Bueno, se dijo, ahora hago estudios de mercado.

> Investigue su mercado (en investigaciones formales de mercado a esta se le llamaría estudio de pre-factibilidad).

Antes de que terminara el mes, había hecho investigaciones informales de mercado para todos los negocios que había escrito, en post-it, aquel sábado en la noche. Además, por las noches, había explorado, en internet, todo lo que representaba abrir cada uno de los negocios en los que había pensado: sabía qué equipo requeriría para cada negocio, cuál era el tamaño mínimo del local, qué cantidad de empleados necesitaría para comenzar, cuáles eran las ventajas y las desventajas de cada uno pero le preocupaba algo.... no veía que ninguno de los negocios en los que había pensado estuviera ofreciendo algo diferente. Aunque tenía alguna idea de lo que necesitaría invertir, ésta aún era muy incipiente. Sin embargo, ese mes invertido en investigar el mercado (aunque no había renunciado de su trabajo como secretaria, se había podido dar un mes de descanso sin goce de sueldo, por supuesto), le permitió descartar ocho negocios; la lista ahora se redujo a tres que incluso no le convencían mucho.

> Evalúe nuevamente sus ideas.

Como estaba tan empecinada y el gusanito del emprendimiento ya se la estaba carcomiendo, decidió ordenar y guardar todo lo que había adelantado, olvidarse de ello por un tiempo, y evaluar otras oportunidades; justo, pocos días después llegó a sus manos un Artículo del Dr. Julio Alejandro Zelaya que había publicado Siglo XXI.

Él mencionaba varias oportunidades de negocios:

- Inversión en franquicias: afirmaba que las franquicias de mayor crecimiento a nivel mundial, según la revista Entrepreneur, son, en orden de ventas: 1) Subway, 2) McDonald's, 3) Liberty Tax Services, 4) Sonic Drive Inn, 5) Intercontinental Hotels, 6) Ace Hardware, 7) Pizza Hut, 8) UPS Stores, 9) Circle K y 10) Papa John's. ¡Qué coincidencia!, pensó Sara; la gran mayoría son en el negocio de comida y varias de ellas en el negocio de comida rápida. Pero ¿no había leído ella que la industria de restaurantes era en la que se daba el mayor índice de fracasos?

- Productos y servicios "verdes": en la actualidad, hay tantas personas intentando salvar al planeta que negocios como sistemas de irrigación, de creación y distribución de energías limpias o de servicios de consultoría en certificaciones verdes están aumentando.

- Servicios de gestión de créditos y finanzas personales que asesoran cómo salir de deudas o cómo re-financiar un crédito a mejores tasas de interés; la venta de productos de lujo (yates, incluso), comercios de descuento (compra y venta de artículos de precios bajos), viajes, servicios de tecnología de información para comunicación a distancia, servicios alternativos de cuidado personal, como salas de belleza, spas y otros y hasta coaching. ¡Interesante!, pensó.

- Área de salud relacionadas con la obesidad (comidas "light" o equipo para hacer ejercicio en casa), con portales tecnológicos de nutrición y salud, con diagnósticos de salud, En cuanto a servicios, programas de "coaching" para vida o "coaching" personal están más en demanda.

- Negocios para los "mileniales" o "Generación Y": fomento del uso de redes sociales, ventas virtuales de bienes raíces, blogs y hasta las vidas alternativas (Second Life).

- Negocios de vigilancia y servicios a domicilio: dado que, por la violencia, muchas personas se quedan más tiempo en su casa, los servicios a domicilio o de vigilancia, vía web o celular, representan buenas alternativas.

- Negocios para aprovechar el tiempo que se pasa en el tráfico: puesto que el conductor promedio pasa más horas en el carro, la demanda de audiolibros, podcasts, accesorios para Ipod u otro reproductor de audio están en aumento, al igual que los accesorios para "oficina móvi1"

Sara reflexionó: ¡Una oportunidad debe crear un valor agregado para el cliente; debe satisfacer una necesidad o resolverle un problema!. ¿Será que su panadería (esa era la idea que más le gustaba) podía agregar ese valor? ¿Qué necesitaban sus posibles clientes? Nuevamente utilizó sus post-its y escribió esas 7 posibilidades:

Algo le hizo sentido:

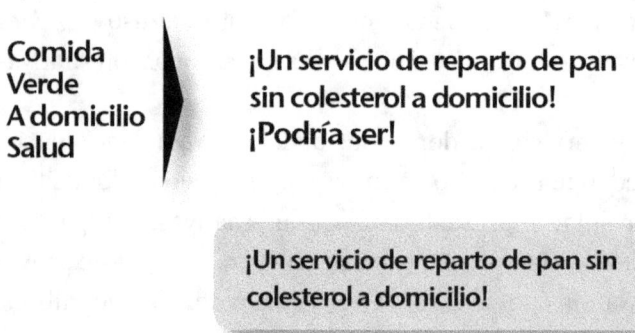

Comida
Verde
A domicilio
Salud

¡Un servicio de reparto de pan sin colesterol a domicilio!
¡Podría ser!

¡Un servicio de reparto de pan sin colesterol a domicilio!

¿Qué necesidades satisfago? ¿Qué valor agrego?				
La necesidad de pan	Ofrezco un producto saludable	Ofrezco un producto de calidad	Evito la necesidad de salir	Ahorro tiempo

¿Es una oportunidad de negocio?: Sí.

¡La idea realmente le entusiasmaba! así es que se dedicó a hacer un Análisis del Entorno que permitía identificar los factores claves del entorno en sus componentes Políticos, Económicos, Socioculturales y Tecnológicos (PEST) que ofrece información pertinente y relevante sobre tendencias, requerimientos y otras condiciones que pueden mejorarse o satisfacerse.

Políticos ━━ Económicos ━━ Socioculturales ━━ Tecnológicos

 Positivo

 Negativo

 Interesante

El esquema quedó de la manera siguiente:

	Positivos	Negativos	Interesantes
Políticos	No afectan	No afectan	No afectan
Económicos	No afectan	El precio de pan es más alto	No afectan
Socioculturales	Es una forma innovadora de adquirir el pan	No afectan	No afectan
Tecnológicos	No afectan	No afectan	Podrían hacer su pedido por internet

¡Realmente se estaba enamorando de la idea!

Finalmente había llegado a las dos primeras etapas en la creación de su propio negocio;

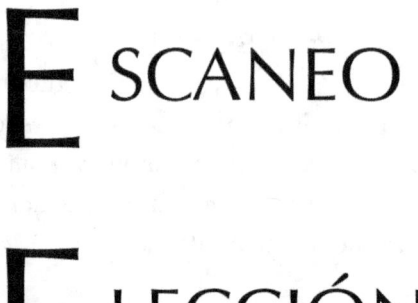

E SCANEO

E LECCIÓN

Ya haría su mejor esfuerzo para la otra "E": la ejecución; sabía que tendría que iniciar con elaborar su Plan de Negocios.

Algunas preguntas que nos pueden ayudar a identificar ideas para detectar oportunidades.

- ¿Qué cambios se están dando en el mercado? ¿Qué nuevas tendencias hay?
- ¿Qué nuevos negocios se detectan en los periódicos, en las revistas o en la internet?
- ¿Hay algún producto o servicio que preferiría comprar si se le agregara un valor? Por ejemplo, ¿compraría una bicicleta que trajera radio incorporado?
- ¿Qué producto o servicio se puede combinar (vender en combo) para que sea más atractivo? Por ejemplo, si se trata de viajes ¿puedo vender el boleto aéreo junto con un tour?
- ¿Hay algún producto o servicio que yo compraría si fuera diferente? (recuerde cuánto éxito han tenido las tiendas que ofrecen productos especiales para personas que sufren de diabetes) ¿Incrementaría mis ventas si también les ofreciera medicinas?
- ¿Quién me puede dar ideas? Anuncie su interés de buscar nuevos emprendimientos.

La innovacion en el Diseño Keep Cup

Para quienes les gusta llevar una taza de café al trabajo, han creado Keep Cup, una original taza de café reutilizable diseñada por los australianos Abigail y Jamie Forsyth. Están disponibles en tres tamaños estándar y en varias atractivas combinaciones de colores para cada uno de sus cuatro elementos: vaso, anillo aislante de silicona (que nos evita quemarnos la mano), tapa y tapón.

Su precio es bastante económico ya que se aproxima a los 10 dólares, una propuesta más ecológica a la hora de tomar café.

Además:
- Anote cualquier idea que tenga, incluso si le parece descabellada. Muchas ideas descabelladas pueden convertirse en excelentes negocios.
- Lea publicaciones de casos de emprendimiento exitosos; determine cómo reconocieron esas ideas que usted anda buscando.
- Asista a ferias empresariales.

**¡Cuando la oportunidad toca a la puerta, la tensión la patea
y la echa por debajo de ésta!**
Anónimo

Aunque el iPad ha tratado de revolucionar el mercado de libros al ofrecer versiones digitales, la gran mayoría de personas siguen prefiriendo llevar su libro en la bolsa. Eso no hubiera sido posible si no hubieran surgido cadenas de librerías tan grandes como Waldenbooks.

La oportunidad: en los libros

En 1996 los gastos de los consumidores estadunidenses en libros alcanzaron los $26 mil millones. En promedio se vendieron 10 libros por ciudadano estadunidense en 1996. La mayor intensidad de compras la exhibieron adultos entre 35 a 75 años. Las compras de libros solían hacerse mientras estaban leyendo otros libros o estos se tenían guardados sin leer; muchos se compraban por impulso. De forma relacionada, las compras tendían a estar sujetas a aumentos, durante los fines de semana y a fin de año.

Las ventas de libros al detalle había estado de forma tradicional dominada por las librerías locales independientes, pero las grandes tiendas de cadenas habían aumentado su participación en el mercado, desde los años 70.

B. Dalton y Waldenbooks surgieron, desde el principio, como las dos cadenas más grandes de librerías en galerías de compras. Ambas cadenas se iniciaron en la década de 1960 y eran operadas por detallistas de mercadería en general, durante los años setentas. Estas cadenas y sus imitadores revolucionaron la venta de libros, al importar técnicas de otras categorías de ventas al detalle: énfasis en anunciar libros en grandes montones sobre mesas hizo que algunos las compararan con las tiendas por departamento; otros discernieron una mentalidad de supermercado en su tendencia a pedir un poco de todo y a reabastecerse, rápidamente, de los títulos que se vendían más rápido. Según un artículo de Forbes, a principios de 1982, **"Los libros ya no se compran solo para leer sino, igual que cualquier otro artículo de consumo para poseerlos, verlos y darlos de regalo"**.

Para principios de 1982, B. Dalton y Waldenbooks operaban 575 tiendas y 750 tiendas, respectivamente. Continuaron expandiéndose en los años siguientes, pero ambos cambiaron de dueño. B. Dalton fue comprada por Barnes & Noble, que previamente era el tercer detallista de libros más grande de Estados

Unidos; K-Mart, el segundo detallista más grande del país en esa época, compró Waldenbooks en 1984.

¿Cómo aplicaría el caso de "La oportunidad: en los libros" utilizando la siguiente herramienta?

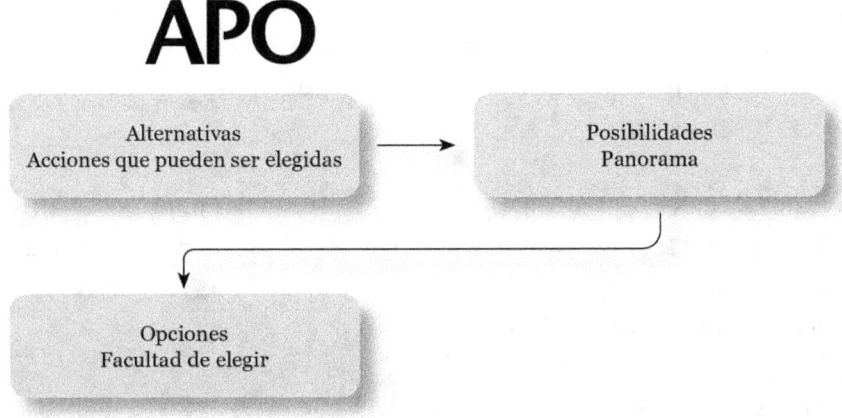

CASO No. 2

¿A sus hijos no les gusta la leche? Pruebe esta nueva invención: del envase de vidrio al más reciente producto para saborizarla.

Hace años, cuando todavía era pequeña, en la ventana de la sala que daba a la calle, todas las noches "mi nana" colocaba en una caja de madera, dos o tres botellas vacías de leche que, temprano en la mañana del día siguiente, el lechero retiraba y sustituía con la misma cantidad de botellas llenas (la caja tenía un candado del cual el lechero tenía la llave). Las botellas eran de vidrio y se tapaban con una especie de tapita de cartón.

Varios años después, el señor lechero perdió su trabajo, pues la leche comenzó a venderse en envases de papel en los supermercados.... la caja de madera, ya bastante dañada por los años a la intemperie, se retiró de la ventana y mi nana tuvo una tarea menos que realizar.

El papel era más liviano pero se deterioraba rápidamente por la humedad así es que pronto los envasadores utilizaron papel encerado cuyas partículas, a veces, iba a parar en el vaso. Cuando apareció el plástico, los envasadores encontraron otra forma más conveniente para vender el producto (todavía hoy los cartones de leche están revestidos de polietileno, un material que no se desprende del cartón); sin embargo, los cartones de leche eran difíciles de abrir y mantener bien cerrados hasta que idearon colocarle un tapón como los que se usan para tapar las aguas gaseosas.

Posteriormente, la leche se comenzó a vender en envases individuales, que se abrían con una pajilla y que eran muy fáciles de llevar al colegio o a las excursiones. La pajilla fue patentada en Estados Unidos por Marvin C. Stone, en 1888. Luego, en 1936, Joseph Friedman inventó la pajilla plegable que era de papel. La hermana de Joseph patentó la pajilla plástica.

No obstante, hay niños que no se toman la leche si no tiene algún sabor: chocolate, vainilla o fresa, son los más tradicionales. Entonces, cada vaso de leche tenía que saborizarse con una o dos cucharadas de saborizante hasta que aparecieron también los envases individuales saborizados con su tradicional pajilla.

Think Geek tuvo una brillante idea y una maravillosa solución para saborizar la leche cuando inventó MilkStraw, una pajilla con granos saborizados que se activan cuando la leche pasa a través de ellos y toma el sabor. Los MilkStraw vienen en 8 sabores diferentes: chocolate, fresa, crema y galletitas, batido de vainilla, fresa y banano, mora, naranja y banano. Por si eso fuera poco, los saborizantes que utilizan son bajos en azúcar y libres de lactosa.

¿Cómo aplicaría la detección de oportunidades en el marco del caso utilizando la herramienta siguiente?

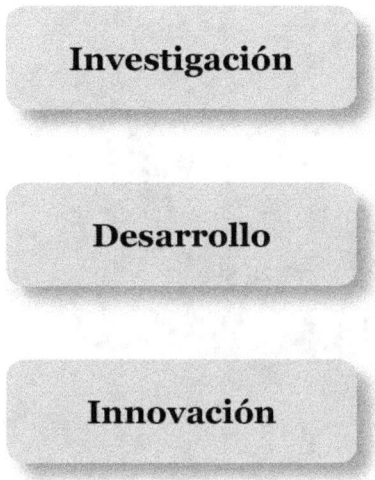

Investigación

Desarrollo

Innovación

 **Herramienta No.1**

Cinco lentes para ver el futuro de Etville (Pero Micic)

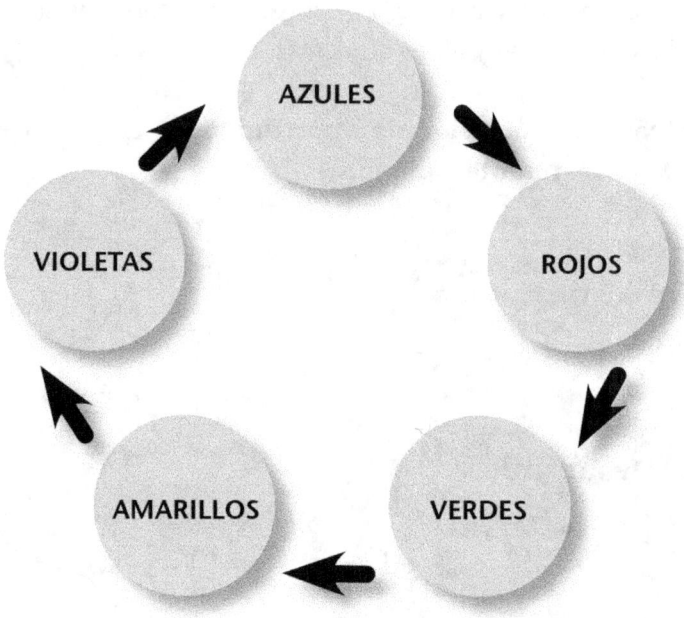

AZULES

Ponen a prueba suposiciones acerca de lo que puede deparar el futuro. Con esos lentes plantéese estas preguntas básicas:

"Preguntas de las suposiciones": ¿Cuál es el conocimiento que necesita para predecir los próximos cambios en su entorno?. Las preguntas que elija deben ayudarlo a evaluar los factores que puedan afectar el futuro de su organización, como conductas de sus clientes, nuevas tecnologías, condiciones del mercado, bienestar organizacional, y las reglas, normas y leyes pertinentes.

"Factores del futuro": ¿Qué tendencias y tecnologías cambiarán el status quo? "Señales": ¿Qué indicadores podrían revelar nuevos desarrollos y sucesos potenciales significativos?

"Proyecciones futuras": Cada afirmación debe enfocarse en una inquietud acerca de cómo, qué y dónde estará algún factor en el futuro.

"Escenarios futuros": Una proyección se refiere a una sola pregunta, mientras que un escenario se refiere a varias preguntas sobre el futuro.

"Suposiciones sobre el futuro": Los "conceptos centrales" de los lentes azules para ver el futuro se basan en "suposiciones fundamentadas". Por ejemplo, uno podría decir: "Suponemos con el 80% de probabilidad que el 60% de la población de la ciudad X vivirá en casas unifamiliares en el año 2020".

ROJOS

Ayudan a imaginar cómo podrían afectarnos los sucesos futuros que nos toman por sorpresa; anticipa sorpresas; responden a la pregunta **"¿Cómo podría sorprenderlo el futuro?".** Los lentes rojos para ver el futuro permiten considerar cómo pueden los sucesos impredecibles afectar su organización o su vida. Permiten pensar productivamente acerca de la incertidumbre.

Formule preguntas como: "¿Cómo podría repentina y drásticamente caer la demanda de nuestros servicios?", "¿cómo podría nuestro producto principal verse sustituido por una nueva tecnología?", "¿qué podría suceder en la naturaleza y en el medio ambiente que afectara ... nuestro negocio?".

Al usar estos lentes, usted debe volverse pesimista a fin de pensar en situaciones adversas.

VERDES

Ayudan a identificar oportunidades especiales, a generar un futuro más prometedor. Cuando se ponga estos lentes formule las "preguntas de oportunidades": "¿Qué mercados podemos desarrollar?", "¿cómo podemos atraer nuevos clientes?", "¿cuáles son los nuevos socios que ofrecen ventajas competitivas para nosotros?".

Los lentes verdes sugieren introspección, optimismo y esperanza. La realidad de las oportunidades futuras que imagine depende de la capacidad de la organización para llevarlas a cabo.

AMARILLOS

Los lentes amarillos amplían la perspectiva para ver dónde estará la empresa en los próximos 10 años. Pregunte "¿Cuál es el fascinante futuro?" "¿Qué busca su organización a largo plazo?". Los lentes amarillos ayudan a desarrollar la misión y estrategia correctas, y dan claridad a las personas en su organización.

VIOLETAS

Ayudan a generar un plan viable para alcanzar las metas; úselos para enfocarse en administración de proyectos, planeación estratégica, planeación operativa, análisis de la ruta crítica y administración del tiempo ya que estos lentes le ayudan a desarrollar estrategias para el éxito y a ponerlas en práctica. Responden a la pregunta: "¿Cómo debemos diseñar nuestra estrategia de futuro como ruta a nuestra visión?".

Si veo a través de esos lentes ¿qué oportunidades tengo para el futuro?

AZULES

ROJOS

VERDES

AMARILLOS

VIOLETAS

 **Herramienta No.2**

Sin duda, para detectar oportunidades necesitamos manejar información; esta herramienta le ayuda para ello.

ANÁLISIS DE LAS INFORMACIONES

Objetivo

Utilizar para la preparación de la estrategia empresarial, las informaciones del contexto/ entorno que rodean la empresa obtenidas a través de elementos estructurados según la situación específica de la misma. Estas informaciones servirán para efectuar un proceso de análisis de oportunidades y riesgos. Permite visualizar el panorama al que se enfrentará la empresa.

CRITERIOS	FACTORES
¿Cuál es el entorno ecológico?	Energía y materia prima disponible.
¿Cuál es el entorno tecnológico?	Innovación en materia de productos.
¿Cuál es el entorno social?	Corrientes psico-sociales.
¿Cuál es el entorno socio-político?	Evolución de las tendencias socio-políticas.

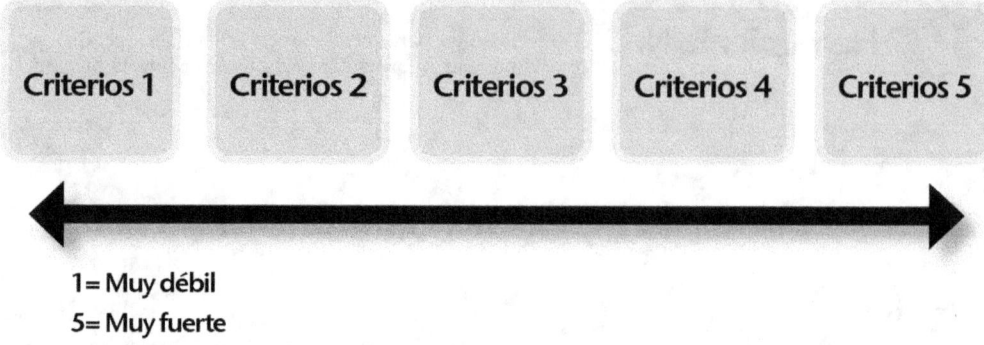

1= Muy débil
5= Muy fuerte

Utilidad

El análisis de oportunidades y riesgos muestra frecuentemente que una evolución dada del contexto/entorno aporta a la empresa tantas oportunidades como riesgos. Para juzgar la situación se puede entonces recurrir al perfil de puntos fuertes y de puntos débiles. Si la evolución roza un punto fuerte, se da una gran oportunidad de que la empresa, apoyándose sobre su potencial de base, esté mejor situada que la competencia para explotar esta novedad. En el caso contrario, los riesgos deben ser bien conocidos.

Herramienta No.3

El caso de los relojes

Los relojes son verdaderos milagros de la tecnología. Su fabricación se compone de una serie de procesos muy complejos que requieren capacidades excepcionales. Al principio, los relojeros se dedicaban a la elaboración y fabricación de un reloj entero; sin embargo, a partir del siglo XVII, se fue imponiendo la división del trabajo. A finales del siglo XIX, Suiza tomó la senda de la industrialización en la fabricación de relojes. Para poner en marcha ese cambio se necesitaban sobre todo progresos en áreas como las normalizaciones y la mecánica.

Las innovaciones técnicas del siglo XX cambiaron la profesión del relojero. El reloj de cuarzo electrónico era una de estas innovaciones. Los japoneses tenían el primer reloj de cuarzo en el mercado. Aunque los suizos fueron los primeros en hacer un prototipo de reloj de cuarzo, la japonesa Seiko Astron 35SQ fue el primer reloj de cuarzo analógico para llegar al mercado. Seiko ha sido un fabricante de relojes mecánicos desde el final del siglo XIX, al presentar el primer reloj de bolsillo japonés en 1895 y el primer reloj de pulsera japonesa, el Laurel, en 1913. Como resultado, Japón tomó la delantera en la producción de relojes de todo el mundo en 1978. Se destacó en el perfeccionamiento de nuevas tecnologías para ser más atractivos para los consumidores. De pronto, trabajó en dos grandes problemas: la caja del reloj voluminoso y la duración de la batería corta.

¿Cómo aplicaron en la industria japonesa las cinco preguntas?

- **¿Qué tanto conozco a mis clientes?**
- **¿Qué necesitan mis clientes?**
- **¿Cómo puedo acceder a nuevos clientes, por mis actuales?**
- **¿Cómo se desarrollan/innovan los empleados de la empresa?**
- **¿Qué plan de incentivos tienen los empleados?**

Zona de inspiración

Escriba sus ideas novedosas generadas por el aprendizaje que le ayudarán en el logro de sus sueños.

Zona de inspiración

Escriba sus ideas novedosas generadas por el aprendizaje que le ayudarán en el logro de sus sueños.

Bibliografía

- Anónimo. Fecha de consulta: 18 de octubre de 2011. En línea: http://zavordigital.com/blog/2010/07/como-identificar-oportunidades-de-negocio/
- Anónimo. **Método para detectar una oportunidad de negocio.** Fecha de consulta: 24 de octubre de 2011. En línea. http://www.crecenegocios.com/metodo-para-detectar-una-oportunidad-de-negocio/
- Centro Emprende. **Guía para emprendedores con futuro.** Fecha de consulta: 17 de octubre de 2011. En línea: http://www.4shared.com/file/159544037/818099a0/28331.html
- Emprendedoras/es. **Como anticiparse a los cambios y detectar oportunidades de negocios.** Fecha de consulta: 15 de octubre de 2011. http://www.emprendedoras.com/article122.html
- **Ideas de Negocios.** Fecha de consulta: 15 de octubre de 2011. En línea: http://www.ideasdenegocios.com.ar/como-identificar-oportunidades-de-negocio.htm
- Micic, P. (2010). **Los cinco lentes para ver el futuro.** Cómo ver y entender más del futuro con el modelo de Eltville. Palgrave Macmillan
- Pümpin, Cuno. (1982). **Dirección estratégica de la empresa.** Madrid: Ediciones ESIC,

Para profundizar

Atendiendo a su interés de autodesarrollo, encontrará bibliografía del tema desarrollado en el curso. Las referencias pueden ser de utilidad en su trabajo.

- Conner M. y Bingham, T. (2010). **El nuevo aprendizaje social.** Una guía para transformar organizaciones a través de los medios sociales. ASTD Publications.
- Fenn, D. (2010). **Emprendedores.** Cómo están sacudiendo los empresarios de la Generación Y el mundo de los negocios y 8 maneras para beneficiarse de ese éxito. McGraw-Hill.
- Zelaya, Julio (2009) **La Travesía del Emprendimiento.** Del Sueño a la realidad de ser Empresario. Volumen I. La Decisión de Emprender. The Learning Group.
- Zelaya, Julio (2009) **La Travesía del Emprendimiento.** Del Sueño a la realidad de ser Empresario. Volumen II. El Arranque de Operaciones. The Learning Group.
- Zelaya, Julio (2009) **La Travesía del Emprendimiento.** Del sueño a la realidad de ser Empresario. Volumen III. Ventas y Construcción de Marca. The Learning Group.

 # Glosario

Emprendimiento.

La palabra emprendimiento proviene del francés entrepreneur (pionero). Se refiere a la capacidad de una persona para hacer un esfuerzo adicional por alcanzar una meta u objetivo, siendo utilizada también para referirse a la persona que iniciaba una nueva empresa o proyecto, término que después fue aplicado a empresarios que fueron innovadores o agregaban valor a un producto o proceso ya existente.

Escaneo.

Técnica que se utiliza para evaluar ideas de negocios.

P.N.I. Positivo, Negativo e Interesante.

También es conocido como P.M.I (Plus, Minus, Interesting). Su objetivo es, antes de juzgar una idea o propuesta, considerar por separado sus aspectos positivos y negativos, así como otros que no caigan en ninguna de las primeras dos casillas.

Evaluación
(Conocimiento)

Del Caso de los Relojes....

Cuando los investigadores suizos presentaron la revolucionaria idea del reloj de cuarzo a los fabricantes de relojes en 1967, la idea fue terminantemente rechazada. "Después de todo, no tiene resortes, no necesita ejes, no requiere engranajes, funciona con pilas, es electrónico. De ninguna manera puede ser el reloj del futuro". Tan seguros estaban los fabricantes suizos de tal conclusión que permitieron que sus investigadores exhibieran su inútil invento en el congreso mundial de relojería de aquel año. La gente de Seiko le dio un vistazo y el resto es historia...

En el ejemplo ¿Cómo se aplica la siguiente cadena?

Cadena

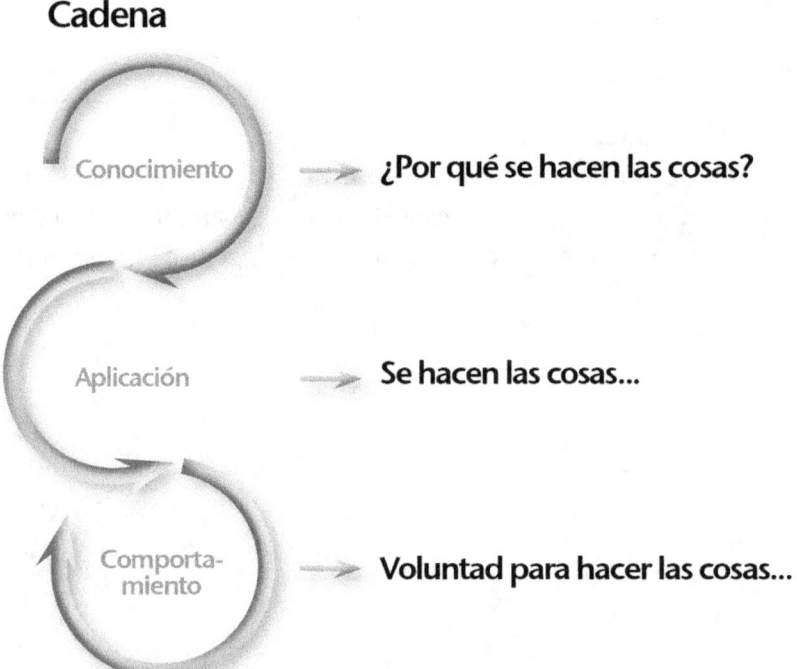

Conocimiento ⟶ **¿Por qué se hacen las cosas?**

Aplicación ⟶ **Se hacen las cosas...**

Comportamiento ⟶ **Voluntad para hacer las cosas...**

Evaluación
(Conductas)

Un tendero está pensando incrementar sus ventas poniendo a disposición de sus clientes un servicio de reparto a domicilio. Evalúe esa idea a partir de la técnica.

POSITIVO

NEGATIVO

INTERESANTE

Anotaciones